宇宙間慈悲的力量 感謝這一刻
全宇宙都在幫助我。
每一件事 每一個人 每一樣東西
都是另一個我，
在幫助這一刻的我覺醒。

回·家·

看見自己內在的靈性伴侶，
完成今生功課，離開輪迴教室

Journey Home

傳訊者 ________ 章成、M·FAN

目次

參、讓心清楚 55

肆、給心靈老師的叮嚀 91

伍、回頭是岸 125

〈序〉

愛無生死

二〇一二年六月一日清晨六點，M起身，打開臥室門，光線照了進來。M走出去，再輕輕為我闔上房門，房間又暗了。我在棉被裡猶豫了一下，要不要悶頭再睡一會？昨夜睡得那麼不好。

但是，我們之間好像有一條牽繫在一起的線，那條線現在被拉緊到了房門外，我也睡不下去了。最後我還是一骨碌起身，跟著走出臥房。

M在客廳，感受著光線帶來的甦醒，我也出現了。「睡得好嗎？」M問我。「很不好！」我說：「誰教你昨天晚上要講那些話，結果我一個晚上很難過，做了惡夢，就睡不好……」我還沒告訴他清晨五點其實我已經起身，上了廁所又喝了開水，還看了雜誌的一篇文章才又回房。

清晨五點，從惡夢中醒來，我讓自己沉坐在客廳的古董椅上喝著溫開水，M常常在早上剛起床的時候，坐在這把椅子上喝著給自己倒的溫開水。潛意識地，我在模仿他，把我自己疊上去，感覺他的感覺。

每晚睡前，總是我們兩人的親密對話時光，那是一天之中最幸福的時刻之一。但是昨晚，M卻說，覺得自己的人生似乎快結束了，語氣很認真，害我帶著嗡嗡作響的腦袋入睡，於是，我做了惡夢。

「我夢見你真的死了，然後我悲痛欲絕，那時我大聲喊著你，可是卻又絕望的知道，再也不會有人回答我了。那個感覺真的很痛苦、很絕望。我感覺到有一個自己，當你不在了以後，會覺得完全被淘空了！一切都沒有意義了，什麼事也不想做了。」

其實我還是很保留地敘述，沒有說出口的是：「根本不想活了。」而這些感覺已經在我心中兜轉了一整夜。我害怕的是，倘若這件事明天就發生，我該怎麼辦？我似乎完全招架不住。

M撫摸著我的頭，像對小動物那樣安撫著我。我不像以往那樣，只是全心全意地享受在被疼愛的感覺裡，我在觀察著，是什麼正在被疼愛到、被關懷到？

是一個小朋友，孤單的小朋友。

「我現在還在這裡啊！你要活在當下嘛～」M說。但在我聽來，這不是在正視問題，別安慰我了吧！我把自己思考過的東西說出來：「其實在這裡面我反省到一件事：如果說，在獲得了那麼多、那麼多的愛以後，當明天你不在了，我立刻就會那麼悲痛。那麼那個那麼悲痛的自己到底是什麼？為什麼收到了那麼多的愛，也沒有用呢？」

「如果愛是一種財富，那麼存了那麼多以後，怎麼會變故一出現，卻彷彿派不上用場？那麼平常一直在接受愛的那個我，它是什麼？……我覺得是一種像小孩子一樣的孤單和無助，只要愛一不在，他就立刻陷入原來的感覺。」

「這是一時的情緒啦！但是當你得到那麼多的愛之後，它會在你未來的人生裡發酵，讓你更能夠過有愛的人生的。就像『鐵達尼號』的故事一樣，傑克雖然死了，但羅絲後來的一生過得很精采，她的書櫃上面擺滿了各種生命精采體驗的照片。」M說。

但我對這個回答不滿意。

「訊息來了！」M忽然振奮起來：「這就是下一本書要談的了，全世界的人都會需要這本書。」「這是每一個人內心最想解開的問題：生離死別，也包括人生的重大變故。這麼大的哀痛，每個人都想知道，我們該怎麼辦？」M說：「現在我跟你說，書名已經有了，書名是：回家。」

於是，就在我們的上一本書《奉獻》即將出版的前夕，我們開始接收這一本書的訊息。但高靈並不是一次將全部的訊息給予我們，跟以前一樣，這本書如同拼圖般地被拆成了許多片段，像「機會教育」似地，配合著我們所遇到的人事物，點點滴滴的給予我們。

就在接收《回家》訊息的某一次，高靈突然說，其實祂也曾經與M在生生世世中，是摯愛的另一半，就像我們現在這樣！所以也曾經為生死哭泣過、為分離心碎過。然而，如同我們所親眼看到的，祂仍與我們同在，愛無生死。

宮崎駿的動畫作品《來自紅花坂》敘述了：一位早逝的父親的愛，是如何透過另一種形式回到孩子的身邊，帶給孩子另一次愛的邂逅。旁邊的人可能完全看不出這份機遇的奇妙，但孩子本人卻能心領神會，而終於感覺到生命中的那塊缺角，重新回歸了愛的圓滿。還記得當時在電影院劇終時，我感動到足足有五分鐘無法言語。

原來，高靈、M與我，就是一個在愛中團圓的故事，而《回家》這本書，則道出了這條團圓的路徑。

神不是一種在心裡的信仰，當你用你的心而不是你的頭腦去抉擇你的人生，你會在實際人生的各種際遇裡，愈來愈清楚的看到，有一份無比慈悲的智慧與大能，確實藏身在一切際遇裡，幫助你更清楚、更超越、更盈滿，並不分晝夜地為你「奉獻」，直到你也「回家」——進入那個「合一」。而這無形無相、卻又如此真實的「神」，將讓你知道，自己原來既不孤單、也不渺小，只是你必須被給予機會去學習你想學會的事情，所以這份為你奉獻的大能，只會輕輕指引方向，而不會剝奪你完成此生學習的願望。

在合一之中，高靈永遠地成為了M與我不離不棄的伴侶了。

於是我一直這樣記得：給予我們如此珍貴訊息的高靈，原來曾經是與M深深相愛的另一半，生死並沒有拆散他們，卻變成了一份更大的生命禮物再度回來！這使我在聆聽訊息時，彷彿看到了超越時空的那一雙雙溫暖的手，紛紛遞向地球上的每一個人。

原來愛，不止一生一世，是生生世世，直到你回家。

是的，所以……

我也要回家。

壹

神的特別篇

1 你終極的另一半，是神

每個人都在尋找另一半。無論在哪個階段，「另一半」都象徵著人的某種終極的追尋，直到，當你找到「神」時，也就是找到你要脫離輪迴的另一半了。

人都在渴望一種關係，都在找「家」，所以都在尋找另一半。可是當人是用頭腦去找來的另一半，就會有很多功課、彼此牽制。但是如果他所找到的另一半會讓自己常常反省、常常感恩，是能夠讓自己走在「感謝＋反省＝奉獻」[1]的路徑中的話，那就會成為很好的靈魂伴侶。可是這些終究還是這個肉體層面、三次元的情感牽絆。最終還是要跟自己的神性成為另外一半，也就是「與神合一」。

如果人能與神合一，不管他跟另一半或是跟其他人的關係，都會獲得很大的提升。這個提升主要是來自於他將會懂得反省。

當跟神性接觸的時候，會獲得無比的信心、信念，因為人可以感

1

「感謝＋反省＝奉獻」是源自於我們的上一本書《奉獻》（商周出版），這個公式被高靈形容為「開啟五次元意識的鑰匙」。大意是：「感謝」蘊含著對自己幸福的再觀察、再發現，讓人覺知到被愛的事實，恢復內心的盈滿。接下來就是去「反省」，願意去思考，那麼我會想怎麼做？有了反省之後的行動，對這個世界即為「奉獻」。透過實踐「感謝＋反省＝奉獻」所形成的正向循環，將會開啟一切身心靈問題的療癒進程，以及靈性提升的各種智慧，最終打開五次元意識，體驗到純愛無私的合一境界。更細緻具體的說明請參閱《奉獻》一書。

受到這個盈滿，甚至可以不需要另一半，就把生活過的很豐富、很精采、很滋潤、很盈滿。如果單身，也許他會自己一個人潛沉，或者如果有家庭，他就會在裡面奉獻。

奉獻不只是俗稱的出錢出力，良知的反省才是奉獻的開始。沒有經過反省所做的事，常常只是為一己之私，只要有良知的反省，就會去奉獻。而最大的奉獻是讓對方也能感觸、感悟到神，這是讓人脫離輪迴的奉獻。

所以修行除了有一個部分是自己脫離輪迴之外，還有一個部分是度他的、利他的。所謂利他就是讓別人慢慢感覺到神，而這是透過奉獻，讓別人慢慢去體會到的。因此，人不只是自己脫離輪迴，還要帶領對方找尋到神，這是回家的路，這是靈修很大的重點。

2 神就是在人類意識中「我們都是一體的」的那個部分

那麼所謂的「神」是什麼？這裡我們將給出，弭平過去所有紛爭的答案，而這個答案，事實上最接近真實。

神就是在人類意識中，「我們都是一體的」的那個部分。

你說你是中國人，他說他是美國人，但我們也都是人。

你說你是人，而鯨魚是動物，但我們也同是生命，我們同是地球的一份子。

你說你是地球生命，他說他是外星生命，但我們都是宇宙的一份子。

如此這般地，一直合一上去，就是意識擴展的真義。

如果你同意，神是會引導你去清醒和覺醒的存在；那麼，你無法不同意，唯一能讓人類真正清醒，去修正所有錯誤的，唯有「我們都是一體的」這個覺知。

人類的意識中，是有「神」這個世界的，但不是任何特定的、被執著的形象。人類意識中的「神的世界」，就是會引導你去清醒和覺醒的那個部分。

「神」不是一個與你分離的巨大存有，而是把所有人、所有生命都囊括進來的集合。比如說，包括你們的父母，包括已過世的祖先，也包括未來的人，他們都曾經有愛，讓我們被愛，將繼續去愛。雖然他們其中許多已經沒有了形體，你們還是能蒙受到他們的照顧，所以，愛無生死，這個就是「神」。

還記得你第一次使用網路世界時，所感受到的那種奇妙和浩瀚嗎？為何有那麼多東西任你利用？這些是怎麼來的？每天，網路上的資訊還在以個人不可企及的速度擴展中，何以致此？

每個人一點點的「允許分享」，造就了這個偉大的有求必應。

所以，為什麼有神？因為有你。

你們說「前人種樹，後人乘涼」，既然自己用不到，前人為什麼要種樹？不就是因為「愛」嗎？這個「愛」能夠不斷的照顧後人，這就是「神」的真義。前人用無私的部分去奉獻，才造就了現在人們的擁有。即便前人已經化為無形，你確實還是受到了照顧，這就是為何說「神」「一直都在」。

雖然你看不到你的祖先，但他們還是在愛著你的，透過「我們都是一體的」意識，種了樹、寫了書、發明了新事物……這些都是在愛著你的，在你想被愛的時候隨時都能得到。

所以「神」是真真實實存在的，因為你正受惠於「將你視為一體」的這個「清楚」所貢獻出的一切，而這個「一體」就是神。

當然，這也包括你現在正在閱讀的這些文字，這些愛的訊息；

也是因為愛，才在世世代代間，不間斷被傳遞下來。所以在《與佛對話》[2]裡我們曾說：「我」也不代表我，這一切是被累積下來的，只是以不同的角色在扮演，讓人們認識真正的神。雖然有很多時候，人們需要一個角色扮演，但神其實就是那個基於一體性而聯合在一起的大能。

「媽祖」、「上帝」，其實比較像是「行政院」般的機構名稱，這更接近靈界的真實。因為，是有無數的存有在為著你服務，只不過共用一個象徵而已，而這象徵是為了人們的需要。

2 《與佛對話》：全名為《與佛對話——來自宇宙的十堂高階心靈課》，章成、M．FAN著，商周出版。

所以，如果有人需要你幫他們分辨，他們想進入的廟宇或進入的團體，是好的還是不好的？雖然事情不能截然二分，但你們可以這麼帶他們去看：

不好的廟宇就會強調替你逢凶化吉，或要求你的崇拜與忠誠，排斥其他的宗教，或只為了你自己的貪念進行所謂的「修行」。

好的廟宇都在告訴你：前人種樹，後人乘涼。要你去思考之後，心中有了感謝和反省，在生活中去做「神」會做的事，也就是以一體性為別人付出。

過去，我們都曾經是彼此所愛的人，但死亡並沒有帶走誰，當我們不再執著於自我，就會成為那個「合一」，無所不在的繼續去愛了。

3 盈滿的回家

人從出生就一直在尋找另一半，這不只是出於生理的現象和吸引。靈魂來到塵世的時候，就會去抓、就會去「想要」，但最大的「要」就是：如果可以跟自己「要」，那才是最大的福氣，才能夠脫離輪迴。

可是畢竟你是在地球這個層面做功課，所以有的人，雖然他的瞭解足夠解脫了，但是他的「助行」——幫助他人的部分——還不夠。可是，他也可能在助人的過程中又掉入輪迴的漩渦。那要如何保持清醒呢？就是時時保持跟神的連結。

一個時時保持跟神連結的方法就是：去做「幫助別人跟神連結」的工作。但不是像教會拉人去信神的那種，而是在生活中實實在在去奉獻。譬如說，在工作上要做出自己的原則，這個原則不是「框框」，而是因為奉獻才有的堅持。當你在奉獻的時候，周遭的人會感受到你的行動後面的那個愛與美——那就是神。於是透過你的奉獻所散發出的無私，人們在心中激起了漣漪，他們在這裡面，就開始有了跟神的連結。

所以，要「回家」，一件很重要的工作就是：你要讓人家去看見你所看見的神。不是外在的神，而是他自己內在的靈性伴侶，讓人找到內在的另一半，讓他不再孤單。一個即使子孫滿堂的人，內在深處也是孤單的；有的人你看他已經在含飴弄孫，但其實他人生的功課還沒有做盡。他還沒去體悟到他可以跟神結合。

最終，我們都是自己一個人離開這個世界，不是跟身邊伴侶一起離開的。可是當你可以跟你「內在的靈性伴侶」——神，一起離開塵世（也就是離開這個輪迴教室）的時候，那就是找到回家的路。

這個回家的路不會有恐懼，甚至是盈滿的。這時你也不用擔心塵世中的另一半，因為這純粹是肉體層面的牽絆，你們終究還是會合一。你會在更高層次，沒有時間的層次跟他合一。

如果可以與神合一，就不會受到這些牽絆的影響，甚至會很盈滿。在這個很盈滿的狀況下，你甚至與這個還有肉體的他都可以相見，甚至還可以帶領對方。

M：高靈前不久曾說，在累劫累世之中，祂就曾經是我的另一半。

成：對，這太令我感動了。這樣的團圓，告訴我生命確實是一個童話故事！在覺醒的國度裡，確實沒有分離！

當你進入覺醒的國度，你會知道，其實每個人都曾經是我們的另一半，只不過，現在在情感上你們能夠接觸到哪個層面而已。其實每一個人、生命和物種都是我們的另一半，也就是「你自己」，所以每一個人也就是「你」。

就像萬花筒，你所看到的，不過就是不同的自己在那邊變化而已。你說這是實相也行，說虛相也行，但就是只有你一個人在那邊轉。

當你接觸到神，你知道了，你可以了脫輪迴，那麼你要讓你的心以奉獻的方式去利他，讓萬花筒中其他的虛相也知道神是什麼，那他也不是虛的；當他也瞭解的時候，你會有很大的感謝，那種觸動就是一種合一。就是從萬花筒回到了那個中心點。

貳

脫離輪迴

4 瞭解自己的設定，就不會被輪迴困住

你的某個已經離開的學生，他投生下來，本來有自己設定要做的功課；但是愈來愈缺乏反省之後，就愈來愈被外相迷惑，等於往（自己創造的）地獄的方向走。可是你不用擔心，走到一個地步，他也會覺得他要覺醒。只是，有的人一直反反覆覆這樣，稍微覺醒之後又走偏，這個叫輪迴，有時候去地獄有時候去天堂。最根本的問題是：他不瞭解自己的「設定」。

人生的輸贏成敗其實都不重要，這是自己的高我要下來學習的過程，重點是你有沒有學習到你要的那種「心的感覺」——就是五次元

的那種愛的感受。不過，這個「心」包括的更大，五次元只是裡面一部分，這是另一個大哉問了，先不談。

你要到哪一個三次元空間去學習？你就會回到四次元去選擇，選擇一個時空版本[3]，然後在那個版本裡體驗你想要體驗的。

比如，某人想要參加奧運得一個奧運獎牌看看：「我的學習經

3 無限多個二次元的集合，就是三次元；無限多個三次元的集合，就是四次元。以多拉A夢為例，「任意門」就是三次元的道具，它可以讓你到任何地方去，卻只限於當下這個地球。而「時光機器」就是四次元的道具，你可以到任何地方，甚至不限於哪個時間點的地球。所以四次元是一個可以進入任何三次元環境的平台，在這裡，不為時間和空間法則所限。

驗裡面沒有得過奧運獎牌，那得到奧運獎牌是什麼感覺呢？雖然我是神，知道這種感覺也不切實際，但沒有感覺過，好像沒有一種深刻度。」於是他就設定，他要來體驗這個深刻，就來投胎了。

如果他在其中保持清明，那麼體驗完以後，就會選擇一個方式離開，或者是在人生中換跑道，去體驗其他想體驗的，而會覺得自己有很多收穫。「離開的方式」又是一個大哉問，也先不講。

輪迴是四次元的東西，是當初你設定要來體驗的過程，你達成了體驗，你就離開了。有的人很專一，一次他只設定一項，體驗到，他就離開了；甚至有的人只是想體驗在子宮的感覺，所以沒出生就死了，或出生下來沒幾天就死了。但他還可能再設定下一個體驗的項目，他是很有意識的。

但為什麼有些宮廟會說：「你們不要再流浪、不要再玩了，要趕快回來……」因為，很多靈魂玩久了，已經忘了自己的本性和原來設定的目的了。所謂「地球功課」就是：這些靈魂被情感或物質的交織羈絆住，無法離開了。譬如希特勒那個時代，人們主要是被羈絆在情感的課題，而現在的人主要是被綑綁在金錢的課題。

5 脫離輪迴與世間的功績完全無關

輪迴對高次元而言只是一個設定，但對三次元來說就很可怕。因為遺忘設定的靈魂就會一直偏離自己的設定，然後不斷地重複再來一次。可是愈重複下去，還是可能愈不清楚、愈糾結的。不過，會有一些所謂的「家族」來幫你。比如說，如果他們也有下來體驗的話，就會自己來幫你（比如說成為你的家人）；如果沒有下來的話，就有一些其他的方式，比如說透過別的靈魂來跟你接觸。

如果有一些人，你明明跟他不認識，卻覺得好像有很深很深的感覺，那可能就是和你靈魂比較有接觸的靈魂團體；還有對一些人，你沒有這種感覺，可是他卻對你很好，那可能就是受到委託來的。不過這講法還是一種方便，是三次元中的講法。

脫離輪迴只是離開四次元到五次元的過程，其實沒有很複雜或高深。我們離開肉身回到五次元時，如果覺得有做到功課，你就會有一個意識擴張或清楚，不會覺得說沒有做到功課，或覺得可怕。當覺得可怕時，就會繼續做功課。

已經覺醒的人卻還未離開肉體，就會加一些原先沒設定的來體驗；或覺得早就學完的話，那就輕鬆的享受生活，順便又體驗些什麼。有些知道回家的路徑，他就化光而去，不然就順其自然體驗看看，直到離開；但也有因為這樣，又掉進輪迴去的。不過意識如果擴展，是不會再去體驗較低層次的遊戲，基本上會去玩比較高階的遊戲。

你們羨慕的某些社會成功人士或宗教領袖，就是在玩較高階的遊戲，不過這是設定來做的功課，不是說已經覺醒的意思。已經覺醒的人，會比較像閒雲野鶴。

即便是地位崇高的宗教大師，看他的面相就知道他是不是閒雲野鶴，如果他的面相很緊，他還有功課得做。反之，有的人雖然是在做資源回收，可是從他的品質可以感受到是有修為的人，很安然淡薄，他死了就離開輪迴了。反而那些「大師」死了卻無法離開輪迴。

你可能會訝異說，那些大師在世間不是做了很多事嗎？脫離輪迴跟世間的功績完全沒有關係，這是跟「心」有關，跟外相是無關的。因為這些「事」都是遊戲而已，玩哪種遊戲都是平等的，如果你覺得脫離輪迴跟外在做了多少事有關，那就是用三次元的頭腦在看的。

有的人功課作得比較快，譬如他想體驗什麼，或是對什麼有疑惑，很快地功課就會出現，這是頻率比較輕盈的。所謂「業力重」的人，就是功課還很多，甚至日子愈過愈迷糊。

所以，人要去清楚，沒有清楚也就沒有療癒。清楚就是去瞭解自己的設定和軌道，能夠在裡面反省，有所清楚，就會愈來愈清明。

6 家裡有缺陷的成員，代表你的靈魂功課在加速

人一出生就有面相，小孩剛出生的時候，是「幼稚」而不一定是「簡單」，他已經帶著很多自己的業力，只是還沒有開展出來。如果父母親是活在「感謝＋反省＝奉獻」的品質中，也可以從小孩面相看得出來，也能感覺得出，這個小孩是來報恩還是來挑戰的。但是當父母親都有這種品質，即便孩子是帶來挑戰的，他們也會不離不棄。

這孩子的到來其實是這對父母很大的福報，因為他們快要脫離輪迴，所以生命的功課被集中起來，加速他們的進程。相對的，這孩子

透過這次的因緣，也可以躍升很多，因此這是讓彼此在靈性上提升的好緣分。如果父母經過這一世解脫輪迴了，而這孩子尚未，但透過這個因緣幫助父母解脫輪迴，這孩子的福德也會很大。

即便父母不夠清明，「擁有缺陷的孩子」也一樣是很大的福報，因為同樣是給自己帶來很大躍升的機會。總之，家裡有缺陷的孩子，都是很有福報的。**家裡有缺陷的成員，就是代表你的靈魂功課在加速**，如果願意成長的話，功課都會作得非常快。所以你要用愛去奉獻，如果能這樣，就不會被頭腦、外界的眼光操控，而你會從中得到這樣的孩子所給予你的回饋，反而比你去養一般的孩子更加喜悅。

家裡面有出大事情，那也代表有很大的功課出現，這也是人生的開悟點到了。這個時機會刺激你往內心更深處去看，任何人都是一樣，這是一種遊戲規則。這個時候，人是很容易回到內心的清明的，不過這不能講是一種福報，這是一個很好的時機點，讓你躍升很快，要這樣去看生命中的重大事件——這也是一個「回家」的關鍵。

平常愈是活在「感謝＋反省＝奉獻」中的人，愈容易回到清明；反之則愈容易遇到事情就被大腦控管，就會陷入被情緒抓住的狀況。

7 「高我」就是靈魂的初心

高我就是當初要下來體驗人生的那個靈魂的初心。

那個初心知道，所有人生的體驗都是禮物，都是欣喜，都令人感激，都對那個大的「一體」有所貢獻。每當你有這樣的觸動時，你就是跟自己的高我連結了。

跟高我連結的人，會感謝這一生的種種設定，也會滿足於這一生的收穫。有一件事情你想要從概念成為深刻的感覺，你就下來體驗。比如說你想體驗失去媽媽的悲傷感覺，這個體驗本來是被包覆在愛中的，但當人被頭腦帶離他的心，就會在仇恨當中糾結下去。但清明的靈魂會感受到這個體驗的珍貴，體驗完就離開了。

現在許多人已經深陷於愛恨糾葛，不再感覺從人生的體驗可以回歸於純淨的愛（純化自己），就等於失去與高我的連結，在輪迴中愈陷愈深。那該怎麼做呢？如果生活中經常能夠透過感謝，而去分享，自然能夠解開所謂的因果糾葛，這就是所謂的「陰德」（善行）。

人透過感謝去分享時，就會跟自己的高我連結，帶給自己盈滿的喜悅。找到高我意味著找到當初的設定，也就等於找到脫離輪迴的路徑[4]。

4 高我的初心是基於對一體性的本知，而來體驗人生、增益全體的。也就是說，從高我來看，所設定的人生是對宇宙整體很有貢獻、很有價值的。所以，你要怎樣知曉高我的設定呢？

以電影為喻：高我就像是電影的導演，電影情節是導演預設的，在他心中是想透過這部電影去鋪陳出某些意義的。那麼電影中的主角，要怎樣察覺他的人生——也就是這部電影——到底要顯示些什麼呢？方法一，用「相信我的人生際遇是有意義」的觀點，開始看待人生中所有的事，那麼你就能隨著劇情的發展，逐漸意識到自己整個人生的主旨。此外，既然高我是活在一體性（愛）的覺知裡，來設定人生體驗的，那麼也就是：這些體驗無論是什麼，以愛的觀點來看，都是極有價值的。所以，要找到高我的設定，方法之二，就是懷著「每一個遭遇都可以透過瞭解而回到愛中」的信念，在每個人生際遇中仔細去觀察和學習愛的課題。如果一個人持之以恆的以上述兩個方法生活，那麼，隨著歲月，他將會愈來愈看出自己此生最大的幾個課題的意義（不只是看到課題的外在表象），而感覺到人生是多麼偉大的一個愛的計畫。

再以旅遊為喻：有一次你出國，不小心掉了護照，於是你手忙腳亂的折騰了好幾天，才辦了臨時護照回國。後來有一年你又出國，在國外遇到別人也掉了護照，他非常慌亂和擔心，就彷彿當初的你。這時候因為你有過這種體驗，你便很有愛心的安慰他，並且告訴他可以怎麼做；就這樣，他很順利地、很快做好了處理，過程也沒有驚慌失措了。看到他平順地度過風波，你心裡面很開心，甚至就會覺得，就是因為有當年那個經驗，你今天才能夠有能力幫助眼前需要的人，於是你覺得當初的經驗根本不是一場損失，而是一件讓你更豐盛、更有能力的禮物。

所以反過來，若我們想瞭解自己人生際遇的意義，就要常常去感謝，常常去為別人排難解憂，結果就會意識到，人生的經歷無論是什麼，只要心裡有愛，所有經驗都可以是對自己和別人的禮物。而處在這樣的意識時，就是與高我連結了。

你知道你要輪迴（再一次學習）什麼，你就會連結你的神（高我），這就是一個回歸的過程。接觸你的高我，你就不會孤單，生活就會盈滿，就不會為了要找另外一個伴侶而去陷入「頭腦」。這些頭腦都是因為「自我」而來的。如果你看到了一個人，不是出於自己的恐懼或需要，而願意去奉獻或照顧這一個人，那你是真的愛他，這就會是個很好的旅程。

可是一開始大家分不清，自己是基於需要還是愛？但在相處過程當中，你是可以從點點滴滴裡面，看到你是否真的愛對方。如果是真的愛他，你找到的就是地球上的靈性伴侶。但如果你可以找到自己內在的靈魂伴侶（高我），你就不會怕死，你就不會怕孤單，你是會沉浸在感謝和反省中的，而你自己的感謝和反省，也會影響到你實際的婚姻關係或家庭關係，讓他們變得更美好。

如果你甚至能夠影響到身旁的人，讓他們也去接觸到這個內在的「神」，讓他們感受到你所感受到的感動，那就會有更大的能量上來，讓你真的能夠結束功課，離開輪迴。

有的人可以自己了悟，但他的生活周遭並沒有因此而改變，他又會被因果拉住，因為沒有對他其他的因果去做交代，他也會卡在這裡離不開。很多修行人都會卡在這一關，他覺得自己已經清楚透徹了，可是他離開不了。

所謂「交代」是說，雖然你已經清楚了，也不執著了，可是你過去千百劫所做的事還在，走過是會留下痕跡的。那你要做什麼呢？要透過奉獻去化解這些。可是當把「奉獻」當做是為了自己解脫而做時，又會糾結進去了。

人只要繼續讓別人去看到神，讓別人也可以接觸到生命的芬芳，讓別人也能接觸到自己的高我，那這個啟動的功德就很大了！所謂「一人得道，雞犬升天」。當你讓另一個人也能提升、也能開悟，那你的因果也能一筆勾消；可是若是為了讓自己的因果了結而做，那就是讓自己又掉進輪迴之中。

總之，靈性的道路，第一步是自己可以解脫輪迴、自己開悟，第二步就是奉獻。

8 該怎麼瞭解所謂的「脫離輪迴」？

在地球上，累世之中是有所謂「因果」這個東西的，就是所謂的牽絆。但你在這裡面奉獻的話，只要做一點點就能夠少輪迴很多世，所以「奉獻」也就是俗稱的在消業障或積陰德的意思。

因為你做一件善事所形成的善循環，是可以滾得很快的，反而你要變壞比較慢，兩者速度相差很懸殊，善循環的影響力是很大的。

比如你看見有五個人在欺侮一個人，有的人罵，有的人推，可是如果忽然有一個人拔出刀子來，其實其他四個人內心都會遲疑，要是真的有人殺人了，可能有人立刻拔腿就跑了。可是反過來，路邊有人出了車禍，只要有一個人先跳出來幫忙，馬上會有很多人來加入。人們要加入壞事的速度並沒有你想像得快，可是人們受到善的影響，速度卻快多了。

因為我們過去的不清楚，我們跟別人也糾結出了許多共業。共業是一股向下沉淪的力量，就好像社會中許多大家常感嘆的那些積重難返的問題，但是你無私的奉獻所帶來的影響，卻具有更大反轉的力量。如果沒有去為人奉獻，你也不會真的能夠盈滿的離開。

不過，「脫離輪迴」不能是一個目標，一般人說「我要脫離輪迴」，於是脫離輪迴變成是某種終點，這裡面就會有「我」，而真正脫離輪迴是沒有那個「我」的。那麼，該怎麼瞭解所謂的「脫離輪迴」呢？

脫離輪迴是一個覺醒的行動，它是一個動作而不是一個名詞。這本來是「不可說」的（說了容易陷入頭腦而誤解的），所謂的「覺」就是一個正在奉獻的動態，沒有止境沒有終點，在那個流裡面，你只能Doing，在那個流裡面就是一種發光。所以「光體」並不是一個東西在那裡發光，它是一個流動。這個流動在地球上的表現，就是透過奉獻的行動讓人去感受到神。這個才是真正的「Being」。而這個「Being」就是「Doing」。

「合一」也不是有一個名詞的「大我」在那裡讓你合一，那根本是沒有的，是一個不曾停下來的無始之流。所以脫離輪迴就是：你一直處於奉獻之中，你的程度會一直上去一直上去，也沒有終點。

地球功課就是先要認識神，然後教別人認識神，你們現在的階段就是這個，可是這個「神」就是「Doing」。因為大部分人認為神是一個「Being」，所以他們找不到。神不是一個狀態或境界，神不是一個名詞而是動詞。**一個在路邊默默發心掃街的行動，那個當下是神；很多在佛堂上打坐得很莊嚴的和尚反而不是神，因為他們正努力想把一個什麼狀態呈現出來。**

所以有個很弔詭的情形是：經常有比較像神的人在拜比較不像神的人。

已經在做神的事的人在拜沒在做神的事的人。其實前者離開肉體時，就會走上成為神的道路，他在離開肉體時的那個開悟，就會馬上讓他契入這不可說的覺，就會離開輪迴，所以不必為他擔心；而另外那個被敬拜的人反而走向輪迴。

有一些人會嘲笑說，既然他會去拜沒有神的人，表示他根本沒開悟，怎麼配得離開輪迴？這樣想的人應該看看自己的內心，根本就淪落在「條件」的慢心裡。

每個人離開肉體時，都會有一個大開悟，這是不可思議的，所以沒有必要說，自己能夠體會的人就能夠體會。剛剛在講的就是「不垢不淨」。會有剛剛那種心態的人就是「有垢有淨」，有二分法的心態才會嘲笑人家。

所以，如果把神當做某種形象、境界，就會認識不到神。

一個無名英雄的心可能已經契入在神裡面，但是他也許不識字，也沒有外在的條件，讓他去符合你們知識上評斷出來的靈性階級，他的開悟不是能言善道那種開悟。

神就像：下雨的時候，你把傘打開的這個瞬間。你看到葉子上的露珠，那就是神。

神就是這麼簡單，清靜無為的。可是人只要一思考神，就會掉到頭腦中，也就是掉入「條件」中了。

參

讓心清楚

9 世界上有「用頭腦的學習無法達成」的事情，那就是「回家」

脫離「頭腦」的掌控，歸於「心」，就能夠「回家」，但這不是用頭腦的學習可以達成的。「回家」就是要先做足功課，做足「感謝＋反省＝奉獻」，然後你的心就會一直看到頭腦，心會一直去瞭解頭腦，頭腦什麼想法、講法對不對，它自己會知道。如此你就不容易被頭腦接管，就容易回到「心」。你的「清明」會很清楚，方向對或錯會很清楚。

那「回家」是什麼意思？就是當你做足「感謝＋反省＝奉獻」，

你自然會回到那個「合一」裡面。講「回家」其實是順應大家的語言，而不是天上有一個家。「回家」是回到「合一」，這「合一」也不是「合一大學」講的合一，而是你可以看得清楚（不再在幻象中害怕受苦）。

找回你的心並不是去靜坐，而是要靠生活中給自己「機會教育」。比如說你看花的時候，能夠看出它的美好，心生感謝和反省，能夠這樣，就是對的。你看到垃圾掉在地上，如果你有「感謝＋反省」，你會有動作的，這個動作就是在奉獻，這就是真正在累積陰德。而所謂**「累積陰德」並不是說你得到了什麼東西，而是會從你的頭腦裡拿掉很多的「念」**。

現在的人必須要知道這個東西，因為他們已經愈來愈迷信了。

10 如何分辨腦與心？

很多想要療癒的人，他要被療癒的標的裡面，其實是有他抓住不放的事物。他要有意識的去看他的頭腦，譬如本來他也知道早起去運動比較好，可是當人家邀約他的時候，他卻說：嗯，其實我也沒有真的很需要。這也是為什麼很多時候在諮商時，老師的方向是對的，可是到了一個程度，個案就關閉起來，他自己是不知道的喔。

所以，**想要「回家」的人，要有意識去注意自己會去逃避的東西**。

譬如：他可能明明知道自己現在不能吃甜食了，但他又很喜歡蛋糕。本來他想跟身旁的人說：「我發現好像吃太多甜食了，最近身體不舒服。」可是話到嘴邊自己會打住，因為另一面的想法是：如果說出去了，以後想吃蛋糕就會被阻止。或是別人就會對他說：「你不是說吃甜食不好，要少吃嗎？」因此他自己阻止了自己明明已經有感受的東西。

明明他心裡覺得少吃甜食是對的，可是嘴上就會說：「不會啦～我也吃得不多。」在講這話的那一刻，其實心裡是知道，這跟自己的真相是違背的。要「回家」的人就要能夠訓練自己常常去看這個，如此才不會被大腦所控制。

人為何回不了家？因為人都被這個肉體的大腦控制了。很多佛經也都講到這個道理，也就是為什麼人要「覺」，「覺」就是不被這個大腦所控制。你的心告訴你說「甜食吃太多，不要吃了」，那你就不要吃。「心」是一種感覺，你會覺得那種感覺是對的。所謂「不見棺材不掉淚」，人通常是等到被嚇到了才做改變，但就需要付出更大的代價。其實平常就可以預防的，而預防之道就是這個：有意識地去注意自己會去逃避的東西。

如果每一件事都可以如此，那麼就會很快成為一個覺醒的人，你就不需要去療癒。因為**當你「瞭解」了，弊害自然就不見了**。以上是「回家」的關鍵要點之一，這跟佛家說的「覺」是一樣的道理。

我們每個人都被大腦控管，這個「大腦」指的就是這個地球、這個整體氛圍（集體頭腦），它像一部大飛機在飛，身在裡面的人，常常無意識地被這個集體頭腦的大飛機所塑造和駕馭。所以為什麼靈修總說要回到你的心，因為你的心能感覺什麼才是健康的。比如你明明知道泡麵對身體不好，可是當你認同「沒辦法不吃啊！」「這樣比較方便啊！」這個思想，就馬上被大腦接管了。回歸於心的話，你就一定要跟著心走，就是絕對不吃。

M：我發現我可以通靈的原因，就是因為我常常跟著心走。如果你用「心」去看，就會感覺這是對的還是不對的。

當你的心一有感覺，你就要立刻停在那裡，然後去看你的大腦，你就會立刻看到它在說謊，那你就很容易覺醒。比如你的愛人死了，你很傷心，這個傷心也是來自於大腦。如果你馬上用「心」——進去你的「心」去感受，你是會喜悅的。因為你會知道他是回到那個「一」。可是如果你立刻去看大腦，為什麼會痛苦？你會看到「因為他走了就沒有人會照顧我、以後我有話就沒有人可以講了……」等等，這些排山倒海的痛苦就是因為被大腦接管了，而且愈壓愈多，就讓你更看不到那顆「心」。

當你經常保持「心」的敞開，能夠感覺到心感覺對或不對時，你去看頭腦在說什麼，你會發現它都在跟你講相反的方向。你就會看到，你的心其實一開始就有告訴你說，這個東西不能吃、那件事應該做等等。可是你的頭腦會說：「但是這個口味好，我想吃。」能看到心和頭腦的差異，這樣就會保持清醒。

很多人的心為何不敞開？因為他常常去壓抑它。比如看到一個好東西覺得應該分享，但是想到可能會影響自己的利益，就算了。

其實每個人都能夠與高次元通靈，因為每個人本來就來自合一的神性，「第三眼」是每個人都有的。你常常也有直覺說不能往那邊走，或應該去做這件事，在生活的現場去注意到這個，就是「看向內在」。看向內在不是去打坐然後在那裡找光找影，而是在生活的現場，給自己隨時的「機會教育」。意思是，**在生活中隨時看到「心」的感覺時，也就更看清楚當下的頭腦正如何運作，這就是給自己的「覺醒教育」**。當在生活中看到心的方向時，你就要跟它去。

比如路邊看到有人發生車禍，你的心會立刻想幫忙，那你就要趕快去幫忙。頭腦會說：你要小心，不然可能會被說是你撞的。可是你要順著你的心去做。即便真的發生被誣賴的事情，你要相信這裡面必然有功課，那是給你很大的禮物的安排。在你的靈魂層面，這個歷程將會是很大的禮物，雖然在物質層面的角度，別人不一定看得出來。

如果有人說：那我不要在物質層面經歷這種損失。然而當你要「回家」，你要知道，你要的不是這物質世界有形的東西，這些東西本來就會物換星移。

當你跟著你的心走，你只要一清明，黑暗就會自動粉碎和瓦解，你不需要「療癒」，也會知道生活的方向該往何處。比如生病了，該找哪個醫生是適合你的，你都會有感覺。

11 清楚的心能超越生死

「情緒」是大腦的反應，來自大腦的邏輯，所以情緒是屬於大腦反應的區塊。如果你讓心保持清明，雖然情緒對你仍有影響，但影響性會非常低。

比如愛人死了，如果你回到清明中用心去感受，你會感受到那是一個喜悅和慶祝的感覺，你不會認為他在「死亡」，不會有損失感，不會認為他是離去的；這時你的心是會祝福的，有滿滿的感謝在那一刻。雖然你還是會感受到情緒，但當你去看那個情緒，你會清楚「我為什麼會有那個情緒」，然後你就會知道「我跟神分離、我跟對方分離」的那個邏輯並不是真的，他只是轉換了一個形式。

「清楚的人」還是能跟死去的人聯繫的，對死去的人，你是能有感覺的。有的人說，好像能感覺到跟逝去者的接觸，那個接觸就是從「心」來的，所謂的「心」就是靈魂。

「心」不是心臟，而是我們來投生時，靈魂在我們肉身所存在的位置。有的人用比較鄉土的說法會說：「我的祖公告訴我說，不要去那個地方……」他是有靈感的，那個就是「心」，其實那個就是自己的靈魂，很多人的指導靈其實就是自己的靈魂。

很多事能不能做，其實你的心是很清楚的，但是人通常會被大腦接管，譬如：「沒關係啦，就一次而已，這樣應該不會影響到什麼，不會那麼倒楣。」

有些事情發生了以後，有的人會說：「早知道我就叫他不要去買菜」、「早知道我就叫他晚一天再去」，那就是之前他其實曾經「有感覺」，但是他的頭腦忽略了、壓抑了那些感覺。但如果你是一個常「回歸於心」的人，因為你的清明而叫他不要出門，延長了對方的壽命，你就帶來了新的「命運」（平行宇宙），這讓你們能夠以目前的身體繼續完成彼此的功課。

意外身亡常常是因為對方已經無法再以這個身體繼續做功課，而當另一個身體已經準備好了，他就會透過意外而離開；然而如果你跟他之間還有功課，而你的清明可以幫助他繼續做功課的話，就可能轉變這個發生意外的命運，讓對方的壽命延長，而讓彼此可以繼續用這一生來完成功課，不必透過來生去繼續。

花捲（我們養的小貓）死之前數月，你（章成）就有感覺了，你直覺到牠這一生的功課已經做到極限了，所以牠死的時候，你內在有個並不意外的感覺，你能祝福牠。如果對方沒有做完功課，你自己也沒有做完功課，面對死亡，你看到的就將都是被頭腦接管的恐怖、壓力、悲傷、各種情緒等等，因為你也在輪迴裡面，所以你們還會有緣分，以後還是會相遇，再繼續學習。

其實要回家很簡單，你只要每一件事情都跟隨著心，不要被大腦控制，就是「回頭是岸」了。

成：如何分辨腦和心？或說，如何發展出這種分辨能力？

這就要回到上一本書《奉獻》說的「感謝＋反省＝奉獻」了。如果是經由這樣而來的意識品質，它所分辨的一定是正確的道路。如果不是經由這個道路來的，就會是頭腦的。也就是說，如果你是活在「感謝＋反省＝奉獻」中的人，你「感覺對」的感覺，就是對的方向。

成：所以所謂「分辨」，不是用一個頭腦的法則去檢別。

平常如果有在「感謝＋反省＝奉獻」的人，就很容易回到「心」，所以也很容易知道「回到心」是什麼樣的感覺。

成：這有點像我以前說的「健康感」。人本來都有一種分辨一件事「健康」與否的能力，但如果不健康的生活過太久，就會失去這種分辨的敏銳度。要找回健康感，只要開始恢復健康的生活。愈健康的人，愈能在遇到各種生活選擇題的時候，感覺到某個做法是否偏離了健康。

12 吸引力的開悟心法

沒錯，而學習分辨「健康」和「不健康」，除了能讓人覺醒，還能讓人富有。

「學習」需要有一個「二分法」的教室，你才有辦法去明辨、去看到。所以，方法如下：你到任何地方，看見一群人，你就要馬上練習去分辨誰比較健康、誰比較不健康，甚至能夠把順序評比出來。譬如在賣場，就可以玩一個遊戲，練習挑比較健康的收銀員結帳。不管是挑選餐廳、買東西、買書……當你要選擇什麼的時候，你都要選擇那個比較健康的。這會讓你金錢上、心靈上都愈來愈富有。

這個方法也會讓人覺醒。因為當你的頭腦想選擇這個，但你卻知道這不健康，就會產生衝突，這衝突會讓人較有意識去看、去追蹤事情的結果，然後就會學到教訓，就會更成長[5]。「回家」就是在生活的每一個選擇中，給自己這樣的「機會教育」，一步一步清楚的。

每個人都有能力做這種分辨，但當你的頭腦出來，就無法分辨；可是若你愈常用你的心去分辨和選擇健康的，你的分辨能力就會愈來愈強。

現代人因為沒有這樣去分辨，就變得迷迷糊糊的，很無明。比方說，不健康的張三老是找他出去玩，如果他有去分辨、分類的話，就會比較有意識，然後懂得不跟隨，從而去接近比較健康的朋友，那麼他的生活狀況就會比之前更好。

這可以叫做「吸引力的開悟心法」。而「錢」一定會流向比較健康的人。

成：不一定啊！

不健康的有錢人手上握的是「數字」，不是「錢」！真正的「錢」就是你真的可以享用到的。

5

例如有兩個聚會的邀約都在明天的同一個時間，如果用了這個方法，分辨出了其中一個聚會其實比較健康有益，但因為怕得罪人或惰性，還是選擇了去參加另一個聚會，這時內在的衝突（心與腦之間）是會變得比較明顯的。如此一來，假如參加了該聚會，回來果然感覺到疲憊、心情空虛等等，就更會讓人去連結自己選擇的因與果，同時也會更清晰的去意識到後續一連串的影響（例如更想大吃大喝彌補不滿等），這樣人就更快學到教訓了。

只要偏向健康的人，財富就會增大，因為你若健康就會認識更健康的人，而更健康的人，裡面又會有更有「錢」（無論有形的或無形的財富）的人，你就會因為跟他們在一起而變得更有「錢」。現在的有錢人只是在追逐有錢人的外表，卻沒有有錢人享受的實質，他使用錢的樣子，讓錢沒有價值，這些有錢人的「錢」其實很小，而健康才會讓你的錢真正變「大」。

現在人只想變成有錢人，卻不知道怎樣成為有錢人享受的樣子。

人們一直在努力，拼命想成為有錢人，成為有錢人之後，還要成為更有錢的有錢人。你問他為什麼要這樣子？為什麼無法滿足？為什麼停不下來？他自己也答不上來，這就是無明。他就是無法成為享受人生的樣子。現在我們這個世界大部分人就是這樣的。

到底你想成為有錢人的「樣子」，還是真的想過有錢人的生活？當你愈無法享受生活，你賺的錢幣價值其實是愈小的。

成：所以，就好像為何當老闆的要去參加扶輪社或唸 MBA，因為去那裡就可以跟比自己更大的老闆認識，等進入了大老闆的交友圈之後，那裡面又容易碰到更大的老闆，人脈錢脈就很容易跳躍式的擴展。同理，真正的財富其實來自於健康的人、事、物，所以練習分辨健康與不健康，然後在生活中選擇與健康的人、事、物去相處的人，也會像滾雪球一樣，讓自己的人生景況加速富裕——是真正的富裕，是享受得到的豐盛。

此外，學習更敏銳的去感覺一個人健不健康，更敏銳的瞭解一個人的模式，這也是智慧——落實於人間的智慧。從人的氣質、面相，就能知道這個人的模式。當你看到的話，就不會活在期待中，被各種心情困住，而會用智慧去對應。

13 有意識的反省，才能回到「合一」

以身體為喻：人年輕的時候，想跳就跳、想跑就跑、想熬夜就熬夜，身體與自己是合一的，但那時對這個「合一」不會有感覺；可是老了健康出問題了，看到水溝想跳過去結果膝蓋受傷了，想熬夜但睡著了，才會知道以前年輕時是一種「合一」的狀態，這個時候就會懷念從前那個合一，也才意識到本來有個合一。當你逐漸經歷老、病、死，你的身體開始有一些分離的時候，你才會意識到，以前原本那「合一」是多麼的珍貴。

為什麼說人死亡的時候會開悟？因為當你又回到那無感的極樂狀

態的時候，你會很明顯知道，那就是涅槃。不過，很多人就在這裡走岔了路。懷念那個合一，他就直接去尋找「合一」的感覺，比如說膝蓋受了傷，他就去吃緩解疼痛的藥物來讓自己回到舒服，如果做某些動作會痛的話，他就不再做這些動作，只在不會痛的範圍內運作。

M：最近我看到有關於退化性關節炎的資訊，說有的老人關節退化之後會痛，會痛之後他就不走動了，但這是錯誤的。不走動的話，關節退化會更快，因為脊髓液就是靠著走動產生的正負壓，注入關節，供給關節營養的。若因為疼痛，愈不走路，關節就愈腫脹，營養到不了就開始萎縮。生病的人不想動，可是愈不動的人愈生病。

健康的人有一個特色就是會「動」，當動的時候，身體會自己做調整。不健康的人就是：一痛，他就不走了。

所以，怎樣做才是對的？當人開始退化，就有老、病、死，你就要去「感謝、反省」，你的身體年輕時為你服務了那麼多年，那你現在要開始好好地保養它了（這就是「奉獻」）。那要怎麼照顧它呢？不是直接去找醫生，而是用心去回想、觀察、反省：為什麼會腳痛？是怎樣累積而成的？

比如，也許你三十歲的時候，走路的姿勢就有些不正確了，但一直到四十歲才出現病兆，你開始會痛了，才注意到，那麼你就要去檢討：姿勢錯誤在哪裡？生活作息中有什麼不利於它的地方？要努力去改變、調整，這才是真正的重新回到「合一」狀態。

心靈也是一樣的，我們來這個世界之前是「本來無一物」，可是當人生的旅程走久了，你已經離開了你的清楚，那你就要透過反省去回到清楚，回到單純。**人要回歸合一狀態，是要透過反省**。當人願意反省，就能察覺出與之前不同的軌道，才能去調整人生路徑，走出心靈的困境，重新獲得喜悅。「人生路徑」本來並沒有所謂的對或錯，每種路徑都是一種學習（比如說想要學習成為有錢人或其他），但是當造成不平衡的時候，他就要透過反省去做調整。

成：我歸納一下。年輕的時候不管怎麼亂吃、怎麼熬夜，身體好像都配合我們，這就是合一的意思。

M：對，那時你不會特別察覺你的腳、你的胃，這就是「無我」，你只是很自然的去使用它們、渾然一體的。

成：但是人的頭腦愈來愈多時，你的操作開始造成身體的負擔或損害……

M：譬如本來有門可以走，你卻突然脫離原先的模式，打算從牆翻躍過去，一跳，結果受傷了。因為你頭腦的介入，於是產生了一個你認為有問題的部分。

成：除此之外，身體也會老化變化，所以我們要透過反省去調整自己，才能夠與身體和諧共生，就是回到「合一」。

M：這就變成是有意識的去「合一」了。真正的學「合一」，是要去自問：現在沒有合一的部分在哪裡？才有辦法進入檢討的過程和調整的過程。如果只是去追求一種讓你平靜舒服的修練，卻沒有對自己活在這世界上所產生的各種心念去明白，這跟真正的療癒剛好相反。

成：很多人分不清「內在的寧靜」是果還是因，它應該是，檢討和反省之後，有了新的清楚而帶來的「果」，而不是能幫你解決一切問題的「因」。「只要內心平靜，就能產生一切智慧，就能連接神性，就能讓人生一切自動就緒」其實是被過度誇大的迷信，這裡面是經過宗教操控之後遺留下來的。

當你暫時脫離情緒的影響時，你還要去「看」，看出頭腦的幻象，才能夠獲得智慧。而在人生中看得多了、看得深了、看得愈清楚了，你自然就會比以前的你少掉很多念，多了許多清涼和自在。一直清楚下去，就會一直開悟下去，脫離輪迴就在其中自然發生。

M：所以，因為內心受傷，找到一個地方，然後覺得「這裡讓我感覺很好」、「這裡讓我有依靠」，這時候要很小心。如果開始依賴在這份美好的感覺裡面，你的自我就會想從這裡去繼續延伸，更不想去碰自己本該看清而改變的部分了。用一個舒服的姿勢去迴避那個痛點，事實上，清明的人會看到你的扭曲，只有和你一樣階段的同伴看不出來。

譬如說，你的身體有個部分已經彎了，那麼身體的另一邊一定會有一個對應點，必須由這個對應點去平衡（逆向彎曲）回來，你才能維持日常行動。雖然這樣好像平衡了，你也好像維持著日常的活動，但就整個身體來說，其實是變扭曲了。雖然這樣的扭曲平衡暫時是舒服的（可以讓你正常運作），但別人看起來，你其實已經變成一個奇怪的人。很多心靈圈的人看不到自己這點，而自己原來真正應該矯正的地方（最初彎曲的那個點），卻被隱藏得更好了。

14

熟記新模式，才能跨越平行宇宙，改變未來

所謂的高靈，就是「大我」的意思，而「大我」就是全體的意思。高靈不是有別於你的另一個存在，只不過是你還無法意識到的、更具一體性的全體而已。

反過來，鬼是什麼意思？就是待在井底看事情，活得很狹窄、很自私的意識狀態。

從極度的自私到極度的具有一體性覺知，就是從迷到悟的過程，

意識層次提升的真義在此。所以，所謂「解脫」，就是回歸更高層次的「大我」的過程。

其實，心胸狹窄的人只不過是要那些膚淺的「注意」。譬如鬼把眼珠挖出來嚇你，或把東西敲的咚咚響，你若問他，然後呢？他自己也不知道了，他其實也很迷茫。如果把人、鬼當成未來佛，你就不怕了，你不會被他們的劇本影響，而能夠去帶領他們。

瞭解這些事情，對靈修者很重要，因為你們自己要先「脫離輪迴」，也就是要先回家。但你們現在懂了，下一刻又忘了。

「輪迴」就是因為沒有更新而不斷重複，或是學到新的又不斷遺忘。反之，在同一個當下，你有更高層次的思維，這就是「解脫」。

如果能一直待在更高層次的思維，就能再跳上更高層次。就像一隻井底之蛙跳出了井，然後就能看到井邊的風景，然後就能再跳上小山坡，然後看到家鄉附近的風景……然後又能看到整個洲的風景、看到整個地球的風景……這是沒有止境的。而「鬼」呢？就是一直待在井底抱怨的狀態。

活得狹窄的人，總是動用好多人的付出和社會資源，在解決自己一點點的「看不開」。如果你有一天跳上了太空，認識了整個地球的風景，你就會清楚，原來高靈也就是在解決我們這麼「一點點的小事情」。

所以，靈修者要如何不會經常遺忘、重複，而可以趕快跳上更高層次呢？

譬如，當你上課吸收到什麼的時候，會因為老師的交織，而得到一種整體的瞭解與清明，但那只是一個整體的輪廓；如果馬上去做整理，你就能夠在餘韻還在時舉一反三，有更多的清楚和看見。這對頭腦來講也是一種「資訊更新」，會使得自己的「清楚」更加鞏固，也就將大體上的瞭解，變成了更明確的觀念了。

比如聽一個很好的演講或課程，事後就要去實際操作，在生活中實際去反省和對照，去參究和觀察，這樣老師要傳達的東西就會「印」進來，這就是印心；真正遇到事情，你就會更清醒，不容易走回頭路。

那為什麼個案諮商後要請他持續來上課[6]？就是讓這個餘韻在生活中能夠持續發酵，在生活中能被強化，那麼才能真的趨吉避凶。可是大部分人都是：像是很多人看了某些書很有感覺，可是放下書以後，事情一忙，過了一陣子，原先的感動和觸發就忘了，行為模式仍然回到以前。這就是讓我們警惕：人很缺少「反省」的能力。

現在很多人在談論，如何跨越平行宇宙，改變自己的未來？道理是一樣的，方法就是：

獲得了新的領悟以後，首先要先「感謝」，感謝有人傳遞了智慧，幫助了我。

接著要立刻回到實際的事件去思考和模擬：如果事件再回到某個點，我會怎麼做？這麼做時，他的頭腦就運行到另一個模式、另一個平行宇宙去了，就不再是在舊的版本裡了。這就是「反省」。

而第三步是「奉獻」，就是要回饋啟發你智慧的人，同時也用新的行為去造福他人。透過供養別人同時也在供養自己，這就是「福報」也是「陰德」的意思，這樣未來就轉變了。

現在所有個人的困境、集體社會的問題，如果你拿「感謝、反省、奉獻」的三步驟去觀察，就會看見癥結出在哪裡，也會看見解法在哪裡。因為一定是三者其中一部分的缺乏。

6 以前我在為個案作完一對一的人生指引之後，常常心裡知道，個案雖然領悟到了新的方向，但因為不是過去習慣運作的模式，所以他們可能無法維持這個清明多久；但又因為不想對方認為我在推銷課程，因而總是不提出建議，請他們來上隔週一次的固定課。此處高靈是針對我的這個部分而說的。

肆

給心靈老師的叮嚀

15 有舉一反三的能力，才能帶領別人成長

如果你把每個人都當做未來佛的話，你的心裡自然就有「亮」，這個亮就是脫離輪迴。請試看看如此去看待，然後看看自己內心的變化。不要小看這個心的「打開」，這個打開就是脫離輪迴。

真正的脫離輪迴是：看到每一個人就像看到一個小孩子，你都知道他下一步會做什麼，然後你心裡充滿慈愛。你知道他正在學習，你就會告訴他下一步可以怎麼走；或者是適度的保留，讓他去碰撞一下，再告訴他說：這個角度會受傷喔，對不對？那麼你是不是能夠換個角度去思考？這個就叫做奉獻、叫做愛。

而這就是因為你有感謝，因為你知道自己也曾被這樣帶領。

對人生開啟這樣的認識之後，你就會更自在、更放鬆、更和善，這就是活在愛裡面。那即便這個人殺了人，你也會知道，他是因為什麼樣的恐懼或什麼原因才會去做，你也願意就現階段去引導他，而不是處罰他。這個引導不是告訴他說，有一條路可以解脫輪迴，而是回過頭來就他所做的事去瞭解原因，引導他去反省。這就是心靈工作。他回過頭去看、去研究，才會對過去的想法有所突破，這才是真正的「打破觀念」。

當你可以這麼去奉獻，你就會瞭解，原來這世界全部都是中性的，它就是一個大教室，在幫助我們成長，而這裡面有很多的「我」

在成就我的成長[7]。

當你看得懂別人的角度的時候，你就會用更高的角度去帶領他，讓他也可以看得到自己的盲點，這種才是真正的實修。不過，這必須要靠自己真正實踐了「感謝＋反省＝奉獻」，才有能力去做到。因為對一件事情的感謝，如果加上反省，就能有三倍的收穫（智慧的開啟），這就是所謂「舉一反三」，「舉一反三」就是意識擴張的意思。對兩件事情去反省，加起來甚至可以開啟九個領悟……如果事事去反省，意識擴張的速度就如同拋物線了，要帶領別人也愈來愈容易。

7 他人所示現出來的「自我」，其實就是我們自己的內心戲的具體化與放大版，藉此我們能夠看得更清楚，提供我們反省、調整自己的機會。

16 心靈工作的本質

一個想要「利用老師」的學生，你就沒辦法教他。因為，身心生病而來的人，經常只是來要溫暖，並不是來要覺醒（我們常以為，對方很苦，所以會想覺醒，但並不一定是）。

老師要在真的適合的時機才出手，不要因為想證明自己有能力而去使力，大部分時候，要以給予溫暖、傾聽為主。老師要經過很長的時間，等待人們自己去了悟一些事情、自己去把一些拼圖兜上，他才會有自己真正的清醒。

有智慧的教育是要「觀機說法」（在對的時機用對的方式引導），這才是可以更有效幫助對方的做法。雖然人會求助，但一方面其實又要繼續戴著假面具生活，那心靈老師就是陪伴他，等待好時機。他的人生拼圖要自己去一個一個看，讓他自己拼，而不是你告訴他全相。你慢慢帶他去看看這邊、看看那邊，最後他就自己會拼起來。心靈工作就是在幫助人找到自己的「神」。

你們之後去做所謂助人的工作，也就是上述所說的而已：給予溫暖，並且慢慢帶領人去看他先前沒有去覺察的那一塊塊拼圖。

高靈都不是用講話的，是用心去印心的。諮商不是用「講話」的，老師要用心去傾聽。

那麼，「老師」就是經驗比較多、視野比較廣，所以他能夠引導你找到其中一個路徑去「回頭是岸」，這就是心靈工作的意思。

而「心靈成長」是什麼？就是讓健康的人更瞭解自己和世界，做事更能事半功倍；不健康的人能夠找到療癒的方式，更能逢凶化吉。

17 提升對「觀念」的瞭解，而非破除觀念

很多人觀察到「頭腦」都是一些固定的思想觀念，想要「走出頭腦」或「破除觀念」，但是一旦偏向於「破除」，又落入了頭腦。

為什麼要說「感謝＋反省＝奉獻」？因為人必須要通過這個路徑去做功課才會通到五次元（愛的次元）去，然後才有辦法再到更高的次元去瞭解「觀念」。

所謂「破除觀念」應該是：你可以透過「瞭解」這些觀念，而能夠給出更多的愛，去帶領別人提升。你可以有更多的等待。

也就是：**你的愛不再受到觀念的限制，但卻能夠進入觀念裡面去愛人們、引導人們，這才是脫離輪迴真正要做的功課。**而不是：你要脫離輪迴，然後卻變得自私自我。

有的人為自己的頭腦找解套（所謂破除觀念）之後，卻變得更自私，跌入輪迴更深。這跟現在的金融問題是一樣的（在此指的是：用印鈔票的「自由」，想為債務問題解套）。

就像「梅爾達自然冥想法」[8]的原理中所說的，你為什麼需要回

8 「梅爾達自然冥想法」是一種透過冥想自然物，產生對身心特定的能量震動而達到滋養效果的方法。可參考《梅爾達大自然健康密碼》CD專輯（風潮唱片），或《絕望中遇見梅爾達》一書（方智出版社）。

歸大自然去得到復育？因為，你在地球上，就是跟大自然的一切共生的。既然你還有身體，也正在接受著所有其他人、事、物的供養而存在著，你就不可能完全去「破除」地球上的觀念。

這跟我們去瞭解人間的黑與白一樣，就是因為你瞭解人心的黑暗面，所以你願意等待。這就是為什麼心靈純淨的人也要去看人間的黑暗面。如果你的心夠純淨，黑暗面又看得夠深，你的心就會變慈悲了。然後你就會願意等待，因為你知道每一個人都是佛，而這些事情只是讓他們成為佛的一個過程。

這個是很深的佛法，就是所謂「甚深佛法」的意思，是《心經》裡面的東西。你要用愛的角度去瞭解，要入世去等待人們，因為你有佛的經驗了，你就願意去等待，去引導他們走出來。人們就是需要在

「觀念」裡面，才有辦法學到功課。就像人可以從社會事件去瞭解前因後果，然後才能夠一步步的清醒。愈來愈清醒就是在走出輪迴，而不是有一個「輪迴的出口」，然後你只要「找對門路」往那邊走去就會走出輪迴。點點滴滴的清楚和瞭解的提升，才是脫離輪迴的路徑。

就像你爬到二樓以後就不再會以一樓的角度看一樓的事情，這個就是所謂脫離輪迴，而不是有一個出口從哪裡出去就脫離輪迴了。當你爬到二樓、三樓、四樓……當你可以看得更廣的時候，你更可以下來幫助底下的人；而你在幫助底下的人的時候，又可以看見更多的事情與更多的角度，這意味著你又爬上了更高的樓層了。雖然是在同一個空間，但是樓層是不一樣的，這個就是真正的「心識解構」的過程。

18 靈修者是否覺得跟一般人更有分離感了呢？

真正的「心識解構」是指：你在同一個空間（同一個當下），但是樓層是不一樣的。當你對人間的「觀念」更知道、更瞭解的時候，你還要走進觀念去做更多的事情，去瞭解和奉獻。**願意去奉獻才會不斷的解構，你才有可能走到更高層次的解構**。這些訊息只管發表。淺的人可以拿到淺的，深的人也會看出深意。

成：所以所謂的走出輪迴，其實是透過奉獻（接引別人），去提升自己對同一個當下瞭解的層次。

對，但你還是在這個空間，只是你意識（視野）的高度不一樣。我們（高靈）也跟你們在同一個空間，只是層次不同。如果有人可以不經過層次直接上去，那當然很好，但是絕大部分的人都是需要經過層次漸漸提升上去的，在這過程中，觀念也可以用作工具。

「觀念」不是要去打破的，任何東西都沒有好或不好，而是要被瞭解，然後你也可以瞭解如何利用這個觀念，把人們帶領往意識提升的方向去。

接下來，**一個東西是不是好的「法」，就看那裡面有沒有「感謝」和「反省」**。

M：譬如出來講課，標榜不收學費，完全免費，這是否暗示著，這位老師比其他老師更無欲、更無私、更有愛呢？

成：我明白這意思。人出來做事情，不可能不需要錢，如果講課不收錢，那麼也許是有金主（有人奉獻），也許是自身經濟條件許可，這些都很ＯＫ。然而如果是有感謝和反省的人，就一定會知道，其他的老師不一定有相同的條件，對大部分專職的老師，收取學費是非常需要的事情；所以沒有收取學費，也不代表更為無私有愛，只是每個人因緣條件不一樣而已。但若用來標榜，讓學生利用「免費」作為一種更無私的或更優秀的表徵來宣傳，便貶低了有收費的其他老師，這是缺乏感謝和反省。

Ｍ：這也可能是一種操作方式，不收費可以贏得道德好評，又暗合大家不想付出的貪念，可以快速吸收學生，但不是不去談錢，就是沒有收錢。

成：那麼如果是從「感謝＋反省」而來的話，假如是全程不收費的課程，會怎麼表達呢？

M：或許會說，這次因為什麼什麼原因，很感謝可以讓大家免費，減輕大家的開支。但是每個人因緣條件不一樣，很多老師是需要收費才能專注的貢獻的……如此這般。

成：這種表達方式，我在日劇裡倒看到不少，哈！若能這樣說，真是體貼，也覺得很有愛。但反省自己的觀念，從束縛的觀念中鬆綁，這確實是心靈的成長。

但是當你在破除觀念的時候，就必須要去感謝。因為你住在地球上，就跟別人相關，無論你如何破除觀念，你住的房子不是靠你一個人蓋起來的，這是你不能否認的事實。如果所講所做的，不是從感謝出發、然後去反省（對因緣條件有所瞭解），都不是正法。

成：我整理一下。其實不是去「走出觀念」，而是瞭解每一個觀念的「緣起」，它為什麼出現？為什麼被需要？有各種角度可以客觀的認識它的好與壞。每當你有一個層次的瞭解，你就有一個層次的解脫（解構）。而這個過程是透過「感謝」、「反省」與「奉獻」去不斷提高瞭解的層次的[9]，這就是所謂的「解脫輪迴」。而上面一個層次的人，是會尊重下面一個層次的觀念的。

尊重的原因就是因為：你知道每個人都是未來佛，所以你會尊重現階段別人的遊戲規則。但因為你超越了這個觀念，所以你更可以進入這個遊戲規則，去幫助別人成長；而不是「打破觀念」之後，你變成一個可以離開那個地方（空間）的人，因為你本來就是跟別人合一的，你不可能成為一個「獨立」的人。

如果「打破觀念」，造成你更加「分離」，這樣的分離真的好嗎？很多靈修者是不是覺得跟一般人更有分離感了呢？這是解構還是枷鎖

9

為什麼透過感謝、反省與奉獻三個步驟，會帶來瞭解層次的不斷提升呢？因為它就像讓你走上一個螺旋向上的梯子，會讓你產生對同一件事有更多角度的視野。只要去實踐，就能夠具體感受到這個效應，如果想要看到很生活細節的舉例，請參閱《奉獻》一書。

呢？人的心識如果愈解構，就愈能待在一樓。但你的意識是可以到十幾層樓的。你看到所有事情的發生，馬上就可以知道那個緣起是什麼。任何來到你面前的人，你就可以分辨他現階段是什麼程度，你會知道該講什麼話、用什麼觀念可以幫助他進入下一個階段。

因為你知道他是未來佛，你不會嘲笑他現在這個階段，相反的，你知道給他什麼暗示，讓他自己去領悟，而不是給他答案。讓他可以自己去清楚和瞭解，這才是小開悟。

19

心靈老師的誤區

複習之前談過的「有意識的反省，才能回到合一」，就可以更清楚現在即將要談的：心靈老師的誤區。

很多人因為在人生中受了傷，走入了靈修或宗教的領域，他們其中有一些，甚至還成為了開始帶領別人的靈修老師或神職人員，可是在其中有這樣的現象，我們用這個比喻來說：

有一個人腳受傷了，他發現到游泳池泡進水裡的時候就很舒服，結果他不去復健他的腳，而說：那我就不要離開這個游泳池，因為在裡面我就不用走路了，我可以用游的。

游泳池本來可以暫時減輕他的疼痛，是給他機會去調整和復健，但是有了這個水裡頭的舒服和自在，他就不想去面對「不能在陸地上行走」的問題了，游泳池卻變成了他只想停留的地方。

但因為他的好勝心很強，很想再度證明自己的價值，所以當他看到別人在岸上，就開始說：喔！快來學游泳，游泳好舒服、好快樂。甚至說：人就是要下來游泳，不要在路上走路，走路會受傷，不好。你看，我可以游蝶式、仰式、自由式……

他變成教游泳的老師了，可是他沒有辦法上岸，別的人游一游可以上岸，可是他是無法上岸的，所以他的舞台就會一直在那個游泳池。然而，游泳池畢竟只是生活領域當中一個很小的區域，當他離開游泳池的時候，他其實是會走得崎嶇坎坷的，他是生病的。而為了不讓人看出他是生病的，他就一直待在游泳池裡。

於是他會叫愈來愈多人來游泳，如果很多人都來游泳的話，他就會覺得自己是健康的了，他更可以忽視掉自己不能的那些部分了，他又在那裡建立一個自己的王國。

M：這就是很多心靈圈裡面的人的現象。游泳可以當做一個技能或興趣沒錯，但他還是必須去正視那隻腳，讓它回歸到健康的位置。

這個腳受傷的人不去正視他的腳，卻在游泳池裡面游得很好以後，開始想去教人了，然後還開始跟游泳池裡面其他教游泳的老師競爭。其他的老師本來只是為了興趣在教，但他太厲害了（因為這是他的舞台），他會告訴別人說他本來受傷，但是來游泳以後就療癒了，游泳有很多很多療效等等。結果很多人都跑去跟他學，變成生意最好，所以其他的老師只好到別的游泳池去教最單純的游泳技能。

很多同樣腳受傷的人，就會被吸引而來，但是跟他學的人也變成愈來愈無法離開，因為他會一直把人家拖下水，叫別人陪他游，他會一直搞出新花樣。其實，他是希望你永遠不要離開這個游泳池。

正常的教練只是讓你多一個技能，需要用到時可以保命，或可以增添享受生活的領域。但很多心靈圈的人，他受傷以後，去找到一個舒服的地方，就窩著不走了，這個例子是在形容他們。接著他們學會了這些東西，就想開始變成賺錢、發展的工具，就愈來愈相信這個、強調這個，愈來愈相信鬼神，愈走愈偏。

成：其實不只心靈圈，任何領域都如此。比如有一個人跟家人、朋友都溝通不良，有一天就覺得，做一個廣播人，讓大家都聽他講話，多棒啊！於是就跑去做了。慢慢地有了很多粉絲，他也學到更多廣播和表達的技巧，知道怎麼運作可以繼續去享受這個感覺。但是他並沒有真的學到他在真實人際關係中與人溝通的精髓（那就是開放心胸的聆聽），可是他紅了，於是他就想，我要開班、寫書、發展……告訴別人可以因為這樣而成功，那麼，如果有一個學生也剛好是因為逃避自己的問題而來的，他就出不去了。

M：對，他如果沒有正視自己人生功課的時候，就會一直在裡面打轉，那他就無法結束功課而畢業。比如說，當他真正學會跟自己的

不同的品質。父母溝通，他的人生開展就會更大，包括他的廣播也才會躍升到真正

成：比如有的人認為，賺錢和升官就可以讓他避免自卑感，當他進去錢堆之後，他就發現，ㄟ！真的，有錢的話，別人就會比較尊敬他。其實他的自卑渺小感並沒有真的改變，但他就覺得在錢海裡面游泳最好，而且也會不斷告訴別人：你也來賺錢！大家都來賺錢！賺錢能讓人生改變、自信、美麗等等，因為這樣也可以凸顯自己的存在感。

M：但如果有人真的進來，然後賺得比他多，他就會把對方當敵人，在裡面更受苦。有很多心靈老師也如此，假如他的學生也出來做，又做得比他更好的話，他的危機感更強烈。

成：所以人生各個領域都是一樣，大家都是為了逃開什麼，跑去另一個地方發展，想把這個地方弄得很大，就覺得解決了最初的問題。而這種扭曲式的平衡，正是人生反轉直下、走出更失衡的道路的開始。

M：我們再拉回到靈修的領域來談。有些人剛開始是因為要療傷，為了想弄懂什麼而去的，有些人則是因為有興趣而去接觸的，這都沒關係。但接下來，你是在裡面「發展」還是在裡面「清楚」，那是不一樣的。有的人在裡面療傷，剛開始會去感謝，可是感謝之後，沒有接著反省（有的人連感謝都沒有），就開始想去「發展」了。

成：像有的人說，要把興趣變成工作，到後來就會變成這樣。

M：對，譬如很多人去當志工，一開始也是基於回饋社會，可是當久了就變成自己的「舞台」了。當志工好像是一個不錯的光環，於是就開始做出做作的行為了，就跟當初只是想奉獻、分享的心不一樣了。

我看到那些志工做久的歐巴桑，到後來就開始在裡面演「甄嬛」了，開始在爭地盤、要求一個位置等等，變成開始在裡面鬥爭了；但是又要表面上維持善心人士的形象，就會做出很噁心的行為，最後變成霸占著可以服務別人的缺（或資源），去做為自己服務的事情。如果有反省能力的人，就都能夠看到這些偏差。不只是志工圈，很多工作圈也都是這樣子。

這些都是一個學習的過程，但如果你能夠更誠實的面對自己，你這一世的意識擴展是可以更大的。意識擴展到一定的程度，就能夠見微知著，也可以預知未來。

20 頭腦習慣有所得，靈修就變得有自我

成：《金剛經》有「所謂……即非……是名」的常用句式，就是說：所謂的名詞，並非名詞，而這才是這個名詞要表徵的真義。比如所謂「幸福」，並非特定的「幸福」，能夠這樣看，才是幸福。

M：這個就是「活在當下」的意思。比如婚禮的幸福不是因為你請了多少桌、弄了什麼排場、弄了多少花，而是你願意就這個結婚的本身去感恩，那你才是幸福的。

當人為了追求「Being」去做什麼，他就頭腦了。你們所謂西方

的很多靈性書籍寫得很漂亮、很精采，但是他們到後來都會誤導你去尋求那個「Be」，所以西方有很多靈修者都變得很頭腦。

成：譬如「與源頭連結」，然後人就開始想：我有沒有連結到呢？而這裡面已經有了一個「我」。

M：頭腦一定要有所得，所以連靈性的東西，寫出來都自然而然會流露出「自我」。比如說：先建立某種開悟或覺醒的指標，再提供某種途徑，再提供成功經驗，就會吸引很多人跟隨。反而東方的東西，譬如禪，譬如茶道、花道……它會在待人接物中直接呈現出真正「Being」的真實狀態，而不再掛慮自己……甚至是行房都有同樣的道理。比如說像這樣——高靈給我一個訊息說：你真正想達到高潮的方法，就是一心想讓對方達到高潮。

比如說你（章成）剛剛拿《金剛經》出來印證我們講的東西，這個就是很多修行人會做的，他們把自己拿出來印證的東西看得很「大」。這就是一種自我的變形——自以為是。這樣的自以為是，會讓意識進展變慢的。當你把你在當下受教而體會到的道理拿去跟佛經印證，這就是頭腦。

你要去反省：為什麼會有「拿什麼知識來印證」的反應？這個就是修行人常會遇到的陷阱（有所得、證明自己、紛爭）。如果當下有所了悟、有了清楚，就在當下這個幸福感中去感恩就行了。

21 我是否有在做靈魂下來所設定的功課？

怎樣確定自己是否有在做靈魂下來所設定的功課？若有在做設定的功課，就會呈現出一種向上的能量，看任何事都會在裡面得到一些覺醒。

此外，每個人都是一個很獨特的管道。人來到這個世界上，可以先從找到自己擅長的事物開始，去找到跟自己管道的關連。管道指的是：跟上天連結的那條臍帶。在你擅長的事裡面，會常常發生第六感、靈感，試著從這些靈感去找到自己「是」這個獨特管道的方式（這也是認識自己）。因為這可以找到自己來投生的目的，以及與解脫輪迴的關連。認識自己之後，才有辦法去跟解脫輪迴連結[10]。

當你的高度能達到「脫勾」（脫離輪迴之勾）時，有的人又利用這樣的能力去「掛勾」（陷入輪迴）了。他的頭腦說：我知道了這個自由，現在我可以利用這個自由去要我要的。那他又會走上痛苦之路，直到痛苦很深才會真正脫勾[11]。

所以，我們在助人的時候要去觀察，如果他會停留在自我的時候，就不能讓他太明白真理，所謂「天機不可洩漏」，不然他就會拿這份了悟去掛勾，這就是所謂的狂禪。譬如一個人知道了「無所謂」，那做什麼都可以，不做也行；但實際上，他的做與不做，仍是被他的自我所驅役的。

10

發現自己擅長的領域，並且選擇去發揮，就等於選擇了自己比較容易從中得到人生啟發的一條路徑，因為這條路徑相當於與高我連結的臍帶。所以做自己擅長的事不僅在生涯發展上容易事半功倍，更容易透過這個路徑完成地球功課。

11

這是很多正在透過聰明絕頂的操控而擁有大量信徒的人，正在經歷的過程。

伍

回頭是岸

22 你在羨慕的是假象

這世界是個大幻象，因為每個人都在堆積你的羨慕。

每個人都可以跟自己共處，那才是「回家」。

如果不能跟自己共處，就會想要活在別人的眼光中，於是就拿出各式各樣的劇本，一直想要成為別人想要的樣子。

然而別人想要的那個樣子，也全部都是假的，因為那些也只是大家去堆積出來的假象。

每個人都在堆積你的羨慕，你所看到的都是最光鮮的那一面，可是當每個人都去看到別人光鮮的那一面，就會以為，那是真的快樂，想去成為那個樣子。

當你一直在追尋那些假象，這個追尋也會讓你忽視追尋的痛苦，讓你開始變得盲目，變得荒謬，讓你忘記最初的愛、最初的那份善良，讓你忘記你本來只是如何簡單，追尋的同時也就讓你愈來愈遺忘這些。

可是只要你有「覺」，你可以馬上回到愛裡面。

在這個羨慕的夢境裡面，你不會覺得是夢，你會覺得是真的；可是如果你真的去面對了，去看清楚，你會發現，每個人都在堆積幻象。而這些幻象所堆積出來的大泡沫，就變成一台飛行中的大飛機，主導所有人的行為，一窩蜂的朝一個相同的追尋去飛蛾撲火。

這個文明，是幻象在開動著每個人。

M：所謂的「行情」就是被堆積出來的。但當大家的羨慕都一樣時，那個行情看起來就愈來愈像是真實的，直到有一天泡沫崩掉，大家才好像做了一場夢。

譬如在股市賺到錢的人，你看他愈來愈光鮮亮麗、愈來愈囂張，就會覺得他做的事好像真的很棒；他也希望你是這樣想，所以跑三點半的時候，絕對不會讓你知道。

跑三點半的商人，絕對不會讓你看到他在跑三點半，他只會讓你看到，他如何懂得成功之道又會享受生活等等。這裡面就是在給你一個訊息：跟著我做，你就會很好。很多所謂的成功人士，都是懂得這個原理的，他們只要累積出你的羨慕，就能踩著你上去。

現在很多行業，一定要讓你覺得，跟著我做你就會賺錢；但事實上，很多人是賠錢在做的，可是只有把你拉進來，他才能有錢賺。

每個人都在堆積你的羨慕，這個堆積形成了一個大幻象，這個大幻象變得如此真實，這就是「頭腦」掌控了世界。每個人都在堆積你的羨慕，這也就是「天下烏鴉一般黑」，所以我們也必須去瞭解這個「黑」（黑暗面），才能清醒。

23 投生富裕地區，是為了看清假象

一個人將離開輪迴之前，就會給他一些富貴的環境，讓他去看清這些假象。所以，會投生在地球上比較富裕的國家，是比較有福氣的，因為他們是在做比較後面階段的功課。但是也有很多人不一定能夠做得過這個功課。

M：這個訊息是在提醒大家，我們比在貧窮國家的人更有福氣，因為是在比較好的環境下做功課。你如果明白這個，就會心生感謝，心生感謝之後就會反省，反省之後進入奉獻，那就很容易去做完這個階段的功課，離開輪迴。

所以，不管你在世界上哪個富貴的國度裡，這是因為，你已經在累世中累積了許多的福報才可以這樣的，所以不要小看自己，一直去追逐和羨慕。很多人覺得自己做著很基層的工作，可是你要知道，你已經是全人類、全地球最有福氣的那千分之幾了。那你是否能感謝？而更有意識的去做會有福報的事情？

24 現代人為何心靈生病？

很多人以為老一輩的人比較迷信，其實現在的心靈圈比老一輩的人更迷信、更無明。因為，老一輩的人還會持守著以前聖賢傳遞的一些倫理觀念，可是現在的心靈圈更缺少這一塊，更會說謊、更自私。

老一輩的人，燈關了還是有餘溫的；現在的人，燈關了就是關了。「目送」——這種老一輩人的習慣——其實就是一種感謝，因為你這個生命來跟他交會了，而生命的交會不是金錢買得到的。

「目送」的這份情感，不是對你的「身分地位」，而是對「生命」

本身——一個生命來跟我接觸了。即便有的人的「目送」只是一種形式，那裡面也有餘溫。可是當現代人說：「再見就再見了，走就走了。」他其實已經活在一種速度裡面，而這種速度是沒有溫度的。為何很多人的心靈會生病？因為「有速度，沒溫度」，自己其實是活在這種模式裡。

現代人雖然有比前人更快速的科技，可是就只是在處理事情，那個「情」是愈來愈沒有的。最好玩的是，有人寫起文字來是可以很有感情的，但是那都是在包裝他自己，其實並沒有真情，當你沒有利用價值，他就不見了。過去的年代，你去洽談生意或事情，對方即便沒有興趣，還會給你回信說：「謝謝你，但是因為我們現在沒有這個計畫……但是還是很感謝你……」可是現在的人是：如果他想理你，他就來了幾行字；如果他不想理你，他就不見了。這就是現代人為什麼會心理生病的原因。

成：現代人都把時間花在他的頭腦的「想要」裡面，這就是為什麼他很容易被頭腦掌控。如果有「心」的話，就會擴展你的意識去感受到別人。過去我曾經把書稿投遞到各家出版社尋求出版機會（當然也會附上一封信），許多的出版社收到之後，連隻字片語也沒有回覆，就讓你石沉大海，直到數月後你打電話去層層詢問，才得到不錄用的答案。這曾經讓我非常驚訝，做文化事業的人可以這樣！你知道別人給了你稿子，就是有一個人在等。可是現在的人都很自我中心，他覺得這不是我要的，那事情就結束了，這就是沒有溫度。

現在的人就是要有利害關係，自己可以拿到什麼，才會有反應，這就是完全被頭腦掌控了。

但當他們陷入低潮的時候就會說，以前老一輩多好、多有愛之類的。可是他都不知道自己好多時候都在做哪些事情？事實上，平常他正在扼殺他說的那些美好的事情。

比如現代人看到不好的事情，很多人就想：那不干我的事，我沒空去管。結果讓壞的東西坐大，反淘汰掉好的事物，最後讓自己也受其害。這就是所謂的「共業」，這是在「頭腦的世界」所會帶來的必然結果。

成：而且當你愈來愈活在頭腦的速度裡時，你也會忽略那些真正能帶給你滋養的東西，所以，當身心出現問題的時候，自己也沒有能力找到正確的出口了。可以說，這種有速度、沒溫度的操作模式，人最珍貴的本能——不依靠「獲得」而悠游自在的能力——喪失了。

就好像有的人掉到海裡面，他本來是有游泳的能力的，可是他忘了自己本來有游泳的能力，就立刻想要游泳圈；假設錢就是游泳圈，他就想說，抓愈多愈好、抓愈大的愈好。本來一個人有一個游泳圈也就夠了，可是這人就會把別人推開，連別人的救生圈也要抓過來，這個世界現在就是這樣的。然而他們都忘了，本來他們都會游泳。

人本來會游泳嗎？是的，人的基因裡面是會游泳的，只是人被恐懼淹沒了，就變成沒有能力了，所以人就認為，要有救生圈才能下水。可是當他拿著救生圈下水，看到大的浪，他就覺得要有更大的救生圈，甚至要擁有一艘船才行。當你有一艘船的時候，又開始跟別人比較誰的船更大、更華麗。

船看起來好像更堅固，其實在大海中還是很脆弱的。而愈依賴船，人就愈遺忘自己會游泳，有一天遇到更大的風浪，船沉了，愈大的船下沉時造成的拉力還愈強，就連會游泳也會被漩渦拉下去了。

成：在人生中翻船過的人，就會瞭解這個比喻。

現在的社會就是，一堆人都在搶救生圈，而在船上的人就在上面看，說「哈哈哈，我有船」。當然也有一票人，如你們，就只是漂在旁邊游玩著，然後說：「你們幹嘛那麼辛苦？我們想去哪就去哪。」

成：可是他們就會說，你們這樣太恐怖了，連一個救生圈都沒有，我們才不要變成那樣。但明明我們是很優閒、美好的在享受，水與我們是合一的，他們卻忙得什麼都看不到。

你們說來就來了，但他們來之前還得先租好碼頭、準備一堆事情。你們若不玩了，拍拍屁股就直接上岸走了，但他們回去卻還得忙著洗船、整理船……當然，有船也可以有有船的享受方式，但重點是，要記住你有游泳的能力。萬一船沉了，你知道你也可以游泳，或是船在沉的時候，你很快就能離開，游遠一點，不會跟著沉淪。

若船比喻為錢，它是一個能讓你利用、享受的東西，卻不是用來救生的東西。也許是讓你更快、或是用來渡別人的東西。不過要渡別人的話，自己別被拖下去。而有船的人到了彼岸時，也要知道放下這個船，把船讓給後面的人，就不要再想，你還有一艘船，還想要拿著再去哪裡了。

25 回頭是岸

「回頭是岸」的意思是：大家都拼命在往前游，都想找到彼岸，想說上岸之後就可以不用游了。但其實岸就在你後面，你根本就不用去游。所以**「岸」是在你回頭的方向，不是在你要去的方向**。

我們人一出生就開始一直在游，都不知道怎麼「回頭」。大家都以為回頭就是回到「沒有」。比如大家都想要繁榮的社會，就在頭腦裡面架構，可是如果大家都能回到很純真的心，就在草地上玩玩，什麼事就都很簡單。

可是很多人就會覺得：那有什麼好，只不過是「知足常樂」的老生常談，那不就沒有進步了？可是任何的進步都無法超越「靈」。神性、當下是遠超乎這些東西的。你要什麼就有什麼，本來就都有的。這個「靈」就是「合一」，其實你只要回到這個合一，根本不需要你頭腦架構出來的這些東西的。

成：那所謂「靈魂」來投生，不就也是有追求嗎？

對，就是一個念出來了，然後就跑來了。所以傳統的說法就會說：天上好好的，為什麼要來玩？然後就一直卡在輪迴裡面，痛苦卻離不開了。你來玩了，你說你想回家，可是卻一直往前游，都沒有看到，其實你只要回頭就好了。你只要回頭看就好了。

這個「回頭」，就是回頭去反省你的一生。很多人都「不見棺材不掉淚」，到了見到了棺材，才覺得自己白活了。「回頭是岸」在這個階段可以用這個角度去解釋：回頭去反省，就會看到「白活了」，這就有了「覺醒」。

我們之前曾說「現代人都想成為有錢人的樣子，卻不知道怎樣成為有錢人享受的樣子」。這個所謂的「享受」就是「回頭是岸」。

如果你「回頭是岸」，就會享受這一切，就會看清楚這一切，你就會只是活在當下，而不會一直想要去過更有錢或更怎樣的生活，那樣是永遠追逐不完的，那就一直在游泳。

你現在看到這些大樓，這些模式都是頭腦架構出來的，真正的享受是：沒有這些大樓，你在這邊還是很享受。你可能認為，有大樓才能夠有某些「更好的」享受，但因為有大樓，其實你也建構出更多的問題，把你框架住。比如為了建造大樓，就必須產生一條會產生污染的產業鍊，解決污染又變成新的需要，於是你又想改變的更好，你就一直做，可是你愈做，問題就愈出來。

然而你只要回頭是岸，你就能當下開始享受你的生活：享受「有錢人」的生活。這樣的講法，是為了講給現在這階段的人們去意會，其實指得就是非常豐富盈滿的生活。像你們在這邊（台中的草悟道）散步，四周的大樓和休閒步道都是好幾億去做出來的東西，做這些東西的那些大老闆，忙著賺錢的他們，有在這邊享受嗎？沒有。

成：但是有人很羨慕說，他們正到處搭飛機。

那他們有在享受嗎？很多人也是很無奈的在搭飛機，每天要飛來飛去，他是萬般不願意。因為你沒有這種體驗，你就覺得很羨慕，可是事實上他們反而羨慕你可以在這邊隨意走走。他們是自己花錢搭飛機，可是是別人花錢建設，讓你在這邊散步。

成：所有事都可以這樣講嗎？

所有事都可以這樣講，「回頭是岸」就是那個「什麼都有」的境界。你在問問題的時候，就又製造了另外一個問題。每個人都認為他是在追求幸福和發展，比如說，他創造一個「吹風的模式」去清掃落葉（旁邊有清潔工人拿大型吹風機吹地面樹葉，灰塵正撲面而來），可是他創造了更大的污染，聲音的污染、空氣的污染……

當你有心念出來想創造模式的時候，就會有更大的錯誤等著你掉進去；為了改善這個錯誤，你又再去創造更多的模式，然後你就愈游愈遠了。比如說，你現在所想像的更美好的物質社會，可是那更美好的物質社會會有它更大的問題，更沒有辦法去解決。就像，**現在的社會比過去更有錢，但為什麼更無法解決經濟的問題？**

成：就像我們覺得，發明馬桶很好，可是那是因為人想要住得很密集，否則，沒有馬桶也行。

人為了要改善生活，可是他就愈游愈遠。沒有開悟的人可能會說，那不是會過著原始的生活？不就更差了？可是他就是沒有辦法體會到，原始的生活中那豐富的部分。

成：可是譬如醫療的發展，是因為有人生病，就會有人去研究治療的方法，當你有這個身體的時候，不就會演變成這樣？

「醫療的需求」也是以你們現在的模式發展成這樣的。就像日本那位木村阿公（木村秋則先生）用自然農法種植蘋果的例子，吃那樣的蘋果是會很有抵抗力、很健康的。以前的食物是有這樣的能力的（大自然是可以孕育出這樣的食物），可是現在的食物就沒有了，讓你的免疫能力也沒有了，所以才更需要「醫療」。不然為什麼現在「醫療」愈來愈發達，癌症愈多？如果真正回復健康的生活，你們不需要醫療。

成：可是以前人的壽命比現在短。

以前的人也有兩百歲以上，甚至更高，還可以不吃不喝……那些都是人已經遺忘掉的。你們現在的醫療多進步，能製造出一個這樣的人來嗎？而現在你們的醫療，甚至沒有錢就沒辦法獲得，所以現在這個架構就真的好嗎？

終歸一句話：你來就沒有，沒有你就不用出來。如果你回頭要去找岸的話，事實上愈游愈遠，游不回來。回頭就「是」岸了。

26 回頭之後，輕鬆的創造

剛剛說的，可能人臨終才會聽得懂，因為臨終就接近那個開悟。「回光反照」其實就是一種開悟經驗。

成：人永遠有美好的理由讓自己脫離這個當下。

只要回頭就是岸了。

成：所以我們做的工作只是角色扮演。

對。那只是你們選擇這個工作、這個角色。重點是，你只要清楚你在演這個角色，你就可以解脫，而且你就可以創造。因為你是在一個高度看你自己在演這個角色，不是在那個角色裡面受苦。當你領受到了這個，你就知道自己這個角色該怎麼去拿捏、怎麼去愛，答案都在裡面。

成：可是去當一個乞丐也行。

對啊，有的人開悟了，他只是去當乞丐。

成：不過在乞討的時候還是要演得像。

你穿太好，人家不會把你當乞丐。當你扮演一個角色，就要知道如何去詮釋，你必須符合別人期待的那個形象。你如果覺得當乞丐自在的話，那就可以去；如果不覺得自在的話，那就不是你該走的路。

成：那根本不要有一個身體就好了。

但這不是你這個有身體的人可以說的話。你說，你會有動力的，是在幫助人這一塊，那你就去演好這個角色。以前你在演這個角色時，開悟還沒有到現在這個程度，所以你在做這個角色時，就會在裡面受苦、學習，這就是學習階段。可是當你在這裡面開悟的時候，你會知道你都是在演。所謂的在「演」，就是：你看所有事情都是一派輕鬆自在，你也有能力去做到你想做到的事。

27 歸於無念

無念是從「清楚這個念從何而起」而來。

雖然有人說，他靜坐的時候可以無念，但是碰到事情他就有念了，那就代表他必須在這個有念裡面去「瞭解」，才能回歸到無念。比如說你在靜坐的時候，小孩哭了，你「念」就來了，那你就要在這個念裡面去修「瞭解」。雖然說「本來無一物」，但當你有一物的時候，就得要去修，修了以後才會真正清楚這個「無一物」。所以重點是：當你遇到問題的時候，你知不知道用什麼路徑去回頭？

譬如桌上這盆花（我們正在一家茶藝館）。插花本來是一個藝術上的分享，所以插花的人最初是因為感覺到，這樣插，花草的線條很美、很好，而去做的。但是學習花道到最後，為什麼會變成一堆很做作的人在那裡呢？因為當插花的人開始想要一種「位置感」，要一種「與眾不同」，就開始塑造階級。本來花是主角，你是在分享與欣賞這些花的，最後變成花只是配角，自己的地位階層變成主角。可是爬到這些階級的高層者，又會假裝得很自然，刻意表現得崇尚自然，她們「學到」自己要「自然」，但這一切其實都是做作出來的。

真正無念的插花，是插花就插花、分享就分享，不一定需要那些包裝或過程。所以所謂的「文化」或「文創」，很多只不過是人透過包裝在提升「自我的價值」的遊戲。宗教也是這樣在發展的，才會變得那麼有階級感，好像只有進入他們的聖殿，或透過神職人員、透過他們的特定經書，才能接觸得到神。

終究，這世界，黑的白的你都清楚看到，不會活在羨慕裡、不會活在追尋裡、不會被幻象所操控的話，你自然就無念了。

陸

圓滿了悟

28 佛陀在菩提樹下到底悟到什麼？

就像一棵菩提樹，覺醒的人懂得在樹蔭下享受清涼，而他知道，因為所有的樹葉的貢獻，才會有這片樹蔭。

每一片樹葉就像芸芸眾生，其實他們在各自的追尋中也提供了貢獻，造就了這片樹蔭，但由於他們在追尋，因此卻享受不到這片樹蔭[12]。

當一片樹葉掉下來時，也會有其他的葉子再長出來。所以其實，當你在貢獻的時候，也要知道：即使你不做，即使沒有你去做，也會有別的樹葉去做。這個意思是：要瞭解這大化本來是完美的，不需要有自我重要感，給自己帶來苦。那就不是覺悟，也就不能同時在樹下享受著樹蔭了。

終究，瞭解了一切，就會無為，然而，若不是透過這些有為的過程，也不能深刻的「瞭解這一切」而真正的無為。所以，當你真的因瞭解一切而無為時，同時卻也會肯定這一切有為的價值，也就是，世界當下就是完美的存在，每一件事都是恰到好處——對於讓人們走向覺醒是恰到好處的。

12

此刻，各行各業也在合力地提供彼此一切所需，本來這可以是很有福氣的！但是，有多少人真正能感覺到、享受著這份福氣呢？我們並不覺得，工作是因為感謝著別人的付出，而好好扮演的角色；我們認為工作是一場存活的競賽，當然，我們還是生產出了各式各樣的東西，但我們卻在其中受苦。

那麼，你只是讓它們留在那裡，自己離開了地球的輪迴而已，而你這一路的軌跡（譬如你的各階段的言行、書籍），也成為那棵樹的一部分。

成：高靈回答了我內心最後、最終的問題。

〈跋〉

後人開始種樹了

在本書的出版前夕，高靈希望我們將下面這段話放在這裡，作為書的結語。

現今的社會形勢，其實有很多人活在痛苦與被壓榨的狀態中，但是當別人指出他們的生活模式與思考模式是可以改變的時候，他們反而會有很大的情緒反彈。

譬如，如今有許多討論時事的文章，會指出社會有建立另外一種生活方式的可行性，但明明活得很痛苦的人，反而會激烈地跳出來反駁，這是因為心裡面有很多的不甘心。當一個人在一種生活方式裡付出了這麼久，即使明明很不健康、很不快樂，但他卻會有一種要為自己辯駁的情緒，這是可以被理解的。

然而，在這樣的情緒中，卻忽略了，這些指出我們問題或是拿更好的生活範本來跟我們自己對照的這些文章，其實是在為我們奉獻。也許這些觀點不盡然全部周延，但其中確實也開啟著讓我們可以更好的視野，不是嗎？

所以，不要忘記，當我們的社會與我們的生活被評論時，能看到這些觀點，也是一種別人對我們的奉獻，那麼我們就會感謝這個給予，並試著從對方的角度去反省看看。當我們從反省中，平衡了自己的失衡時，我們會過的更有活力，這就是得到了生命的滋養；而得到了滋養的這個你，自然而然地就會成為整個社會的滋養，這會是一個很美的循環。

而《回家》與《奉獻》這兩本書，也是這樣性質的作品，這裡面有評論、有針砭，也有新舊生活方式的對照。但它們卻像洗衣機渦槽裡的兩道水流，當你在生活中感覺到困苦與疲憊時，將可以透過交錯且反覆的閱讀這兩本書，而再度經歷一番洗滌，重新恢復心靈的清明與安詳。敬請享受這樣的美好吧！

聽了高靈的訊息，不知不覺，此刻，在我心中浮現出一棵樹的意象，它叫做「菩提心樹」，所謂「菩提」（梵語），就是「覺悟」的意思。這棵「覺悟心樹」是這樣子的：以一體的愛為樹根，感謝為枝幹，反省為綠葉，與人生歷程行光合作用之後，變得茁壯、美麗、豐盛，人人讚嘆，又能自然孕育好果回饋眾人。

你願意和我一起，開始種這棵「菩提心樹」嗎？

謝謝你。

國家圖書館出版品預行編目資料

回家：看見自己內在的靈性伴侶，完成今生功課，離開輪迴教室 / 章成，M.FAN 合著．-- 二版．-- 臺北市：商周出版：英屬蓋曼群島商家庭傳媒股份有限公司城邦分公司發行，2021.10
面；　公分

ISBN 978-626-318-006-2（精裝）

1. 靈修　2. 生活指導

192.1　　　　110015399

回家

看見自己內在的靈性伴侶，完成今生功課，離開輪迴教室

作　　者／章成、M.FAN
企畫選書人／徐藍萍
責 任 編 輯／徐藍萍

版　　權／黃淑敏、吳亭儀
行 銷 業 務／周佑潔、黃崇華、華華
總　編　輯／徐藍萍
總　經　理／彭之琬
事業群總經理／黃淑貞
發　行　人／何飛鵬
法 律 顧 問／元禾法律事務所 王子文律師
出　　版／商周出版
台北市104民生東路二段141號9樓
電話：(02) 25007008　傳真：(02)25007759
E-mail：ct-bwp@cite.com.tw　Blog：http://bmp25007008.pixnet.net/blog
發　　行／英屬蓋曼群島商家庭傳媒股份有限公司 城邦分公司
台北市中山區民生東路二段141號2樓
書虫客服服務專線：02-25007718；25007719
24 小時傳真專線：02-25001990；25001991
服務時間：週一至週五上午 09:30-12:00；下午 13:30-17:00
劃撥帳號：19863813；戶名：書虫股份有限公司
讀者服務信箱：service@readingclub.com.tw
香港發行所／城邦（香港）出版集團有限公司
香港灣仔駱克道193號東超商業中心1樓；E-mail：hkcite@biznetvigator.com
電話：(852) 25086231　傳真：(852) 25789337
馬新發行所／城邦（馬新）出版集團 Cite (M) Sdn. Bhd.
41, Jalan Radin Anum, Bandar Baru Sri Petaling, 57000 Kuala Lumpur, Malaysia.
Tel: (603) 90578822　Fax: (603) 90576622　Email: cite@cite.com.my

封 面 設 計／張燕儀
排　　版／極翔企業有限公司
印　　刷／卡樂製版印刷事業有限公司
總　經　銷／聯合發行股份有限公司　新北市231新店區寶橋路235巷6弄6號2樓
電話：(02) 2917-8022　傳真：(02) 2911-0053

■2014年3月11日初版
2021年10月5日二版（精裝）
Printed in Taiwan

定價380元

城邦讀書花園
www.cite.com.tw

 ISBN 978-626-318-006-2

⊙傳訊者介紹

章成

靈修導師，資深廣播人，三屆金鐘獎得主。首位受邀於中國銷售第一女性時尚雜誌《悅己SELF》，開闢人生智慧專欄的台灣靈性作家，連載三年半，大受好評。長年樸素禪修，創辦「心的智慧」課程，及「一對一高層意識通靈諮詢」等，教學風格通解靈性和生活語言，讓學生容易地體會關鍵道理，輕鬆、明亮的修習。著作：《心經》、《地藏經》、《人生最有價值的事，是發現自己在重複》、《都可以，就是大覺醒》、《理念崛起》、《回家》、《奉獻》、《神性自在》、《與佛對話》（以上均為商周出版），《不失去快樂的秘密》、《你就是幸福的源頭》（以上均為天下文化），《絕望中遇見梅爾達》（方智），《一生，至少該有一次說走就走》（我們）、《大自然健康密碼CD》（風潮唱片）。

M・FAN

室內設計師，《心經》、《地藏經》、《都可以，就是大覺醒》、《理念崛起》、《回家》、《奉獻》、《與佛對話》共同著作人。

部落格：章成的好世界

FB 粉絲頁：章成

心存善念
福氣綿延